TABLEAU

DE L'ORGANISATION

DE LA

PREMIÈRE CHAMBRE.

OUVRAGE DU MÊME AUTEUR.

De l'Abolition graduelle de l'esclavage dans les colonies européennes ; Mémoire couronné, en 1829, par la Société de la Morale chrétienne ; in-8°. Chez Pichon et Didier, quai des Augustins ; prix, 2 fr. 50 c.

IMPRIMERIE D'EVERAT,
rue du Cadran, n° 16.

TABLEAU

DE L'ORGANISATION

DE LA

PREMIÈRE CHAMBRE,

D'APRÈS LES ACTES CONSTITUTIFS DES ÉTATS D'ANGLETERRE , DE
BADE , DE BAVIÈRE , DE BELGIQUE , DE BRÉSIL , DE CHILI,
DE COLOMBIE , DES ÉTATS-UNIS , DE FRANCE , DE HAÏTI ,
DE HESSE-DARMSTADT, DE HOLLANDE, DE HONGRIE,
DU MEXIQUE, DE NORVÉGE, DE LA PLATA ,
DE POLOGNE ET DE WURTEMBERG ;

précédé

DE CONSIDÉRATIONS SUR LA PAIRIE, ET SUIVI D'UN TABLEAU STATISTIQUE;

Par P. A. Dufau.

> Lorsque les fondemens du gouvernement viennent à
> changer, et que ceux qui gouvernent ne changent
> point les formes de l'édifice élevé sur ces anciennes
> bases , malheur aux peuples !
> J. HARRINGTON.

PRIX, 1 FR. 50 C.

PARIS.

DELAUNAY , PALAIS-ROYAL.

1831.

L'inconcevable résolution de la législature de
1830, relativement à l'organisation d'un des trois
pouvoirs, restera comme un trait caractéristique
de ce misérable esprit d'intrigues politiques qui
s'empare ordinairement des affaires aux époques où
l'énergie publique, usée par de longues réactions,
est toujours prête à s'endormir dans le sein de
quiconque lui promet le repos. Jamais peut-être
corps investi du pouvoir constituant ne fit faute
semblable. C'est peu ; cette faute ne fut faite
que pour en préparer une autre qui serait plus
grande encore, et après laquelle il n'y aurait plus
vraiment qu'à croiser les bras, clore ses lèvres,
et s'attendre à tout !

Les efforts de tous les hommes sincèrement dé-
voués à la patrie et à la liberté doivent se réunir
pour empêcher l'accomplissement d'un tel acte de
déraison. C'est la pensée qui a dicté cet écrit.
L'auteur a jusqu'ici soigneusement évité de mêler
sa voix aux clameurs passionnées des partis ; il
rompt aujourd'hui le silence entraîné par un irré-
sistible désir d'énoncer quelques vérités méconnues et d'offrir d'utiles renseignemens ; c'est pour
lui acte de citoyen. Sans doute, dans les cir-
constances actuelles, mieux vaudrait peut-être
garder pour soi ses bonnes intentions et ses nobles
élans ; mais quel cœur droit ne se sent ému au

grand drame qui s'exécute à présent devant nous, et porté à en accélérer, selon ses moyens, le dénouement heureux !

Tels sont les motifs qui ont déterminé la publication de ce chapitre *de politique positive ;* les idées qui y sont exposées pouvaient fournir d'amples développemens, et il eût été pour bien des gens la matière d'un volume. Mais on a cru qu'il valait mieux le laisser faire à la pensée des lecteurs ; car nous vivons dans un tems de grandes choses, de petits écrits et surtout de courtes préfaces.

TABLEAU

DE L'ORGANISATION

DE LA

PREMIÈRE CHAMBRE.

La formation des États de l'Europe a pour origine un fait unique qui domine tous les autres : la conquête. Un territoire fut envahi ; une civilisation fut effacée par des peuples venus d'autre part ; il y eut des vainqueurs à qui resta sol et puissance, et des vaincus dont le lot fut le servage. La société politique s'organisa d'après ces bases, et l'aristocratie moderne prit naissance.

Elle se trouva d'abord constituée partout à peu près de même ; les droits, les priviléges, les caprices de la victoire lui firent dans ces gouvernemens nouveaux une part qui comprit avec le tems toutes les prérogatives régaliennes et quelquefois absorba jusqu'à la royauté elle-même. Il n'y avait plus qu'elle alors ; elle était tout, peuple et roi. Telle fut dans ses applications extrêmes la constitution féodale qui a régi l'Europe entière, et à laquelle il faut souvent revenir si l'on ne veut se perdre dans de vagues théories. En effet, c'est de là que nous sommes sortis, non des anciens à qui par conséquent nous demanderions en vain des règles pour une situation sociale et politique qui n'exista jamais chez eux.

Parvenue au plus haut degré d'affermissement et d'éclat, l'aristocratie féodale commença à décroître. C'est l'histoire de tout ce qui est humain ; ce devait être celle surtout d'une or-

gauisation qui avait simplement régularisé, consacré en loi
une œuvre de violence et d'oppression. Les progrès du tra-
vail, de l'industrie, des idées, de la société enfin, si ralentis
qu'ils fussent par l'ordre existant, devaient nécessairement
amener sa décadence. On peut dire que le pouvoir royal se
refit graduellement des lambeaux de la prérogative des nobles,
comme les cités se bâtirent des débris de leurs manoirs. A le
bien prendre, du moyen âge à nous, l'histoire ne présente
guère qu'une lutte où elle a toujours le dessous. Quelque di-
rection qu'elle suive, unie avec les rois contre le peuple, ou
bien avec le peuple contre les rois, quelquefois alliée au clergé
contre le trône et les classes non privilégiées, elle perd
toujours de son influence, de sa valeur propre dans l'État. On
la voit dans ces derniers temps se confondre avec la haute
domesticité des maisons royales ou bien s'effacer parmi ces
classes supérieures de la société qui prennent sa place. Aujour-
d'hui, il n'en reste plus vestiges sur plusieurs parties du sol
européen ; ceux qui ne voient pas que le tems approche où
il en sera partout ainsi ont un bandeau bien épais sur les
yeux.

Quoi qu'il en soit, c'est à l'aristocratie féodale que nous
devons la monarchie représentative que les anciens n'ont pas
connue. Elle l'inventa pour elle, et non pour nous à la vérité;
pour se maintenir en regard des rois dans les positions qu'elle
occupait, et non assurément pour nous fournir un moyen de
reconquérir les droits et les avantages sociaux confisqués sur
nous à son profit. Mais c'est toujours un fait constant que toutes
les assemblées représentatives régulièrement constituées com-
mencèrent par n'être que de simples chambres uniquement
composées de nobles et de prêtres, jouissant également de
toutes les prérogatives aristocratiques. Les villes et communes
n'y furent admises que plus tard, par actes émanés de la couronne ; et si l'aristocratie eût toujours régné seule, il y a lieu
de croire que la porte ne leur en eût jamais été ouverte, comme

le prouve l'exemple de Venise. Ses députés s'y introduisirent donc, déposant leurs doléances à genoux, trop heureux encore! Ils sont, il est vrai, debout aujourd'hui, et c'est l'aristocratie qui se présente humble et suppliante à son tour devant eux pour obtenir admission dans le corps représentatif, sous forme de pairie. Telle est la révolution qui s'est effectuée; et elle est certainement la plus remarquable que l'historien des tems modernes ait à retracer.

On a en général parmi nous une idée assez fausse du gouvernement représentatif. On n'y voit pas une nature, mais une forme arrêtée de gouvernement. Quelques théoriciens politiques de nos jours, hommes assurément fort distingués, ont contribué à accréditer l'erreur à ce sujet, en se hâtant trop de construire un système sur certains faits à peine observés. C'est ainsi, par exemple, que voyant en Angleterre, depuis quelques siècles, un gouvernement représentatif en action régulière et constante, au moyen duquel les libertés publiques et la stabilité du pouvoir paraissent également garanties, ils ont érigé en doctrine qu'un gouvernement représentatif doit être nécessairement modelé sur celui de l'Angleterre, c'est-à-dire composé de deux chambres, haute et basse, aristocratique et populaire, héréditaire et élective, au moyen de quoi, la machine pourvue de tous ses ressorts marche d'elle-même sans que rien se dérange. Du caractère national, des origines, des mœurs, des lois, de toutes les conditions enfin qui constituent le peuple anglais, on s'en est peu inquiété; tout cela a été mis hors de cause; le principe abstrait est resté intact, et aujourd'hui il fait partie de l'évangile politique d'un grand nombre de personnes qui, de la meilleure foi du monde, croient que hors de là il n'y a point de salut pour la société moderne.

Il est toutefois palpable que l'esprit et le but du gouvernement représentatif ne peuvent être que d'amener l'*expression libre et complète des volontés éclairées d'une nation*. En principe, quand ce résultat est obtenu on peut dire le pays bien représenté. Tout dépend donc ici, on le voit, du degré auquel les lumières qui dirigent la société dans la voie des intérêts généraux ont été répandues parmi les différentes classes. Le mode de la représentation nationale devra nécessairement varier suivant que les populations seront plus ou moins avancées. C'est ainsi qu'elle sera tour à tour purement aristocratique, mi-partie d'aristocratie et de démocratie, ou enfin ramenée à l'unité démocratique.

Il faut insister sur ces vérités si simples et pourtant toujours méconnues : qu'est-ce en général qu'une forme de gouvernement? la solution d'un problème dont les élémens sociaux sont les données; c'est à ces élémens qu'il s'agit d'adapter une combinaison d'ordre et de liberté d'où résulte le pouvoir dirigeant, la force répressive contre quelques-uns au profit de tous, le gouvernement enfin. Or si les données du problème changent, comment la solution serait-elle toujours la même? Les élémens sociaux variant donc sans cesse suivant les tems et les lieux, comment la même forme serait-elle partout appelée à les coordonner? l'observation nous montre en effet qu'il n'y a pas et qu'il n'y a jamais eu deux gouvernemens identiquement semblables; et quant aux formes représentatives, des expériences assez récentes ont suffisamment prouvé que lorsqu'on veut simplement faire passer un bras de mer ou une chaîne de montagnes à une constitution et l'implanter toute venue sur un sol qui n'était pas préparé pour la recevoir, elle est abattue au premier orage.

Ne nous hâtons donc pas de poser ces principes absolus auxquels les faits donnent de perpétuels démentis ; efforçons-nous de mettre à la place de cette politique de l'école une véritable science d'observation. Pour cela reconnaissons avec patience et sans prévention ces collections de faits sociaux auxquelles s'adaptent de toute rigueur telle ou telle forme de gouvernement. Il y a tout lieu de croire que les questions seront ainsi singulièrement simplifiées, que la dispute deviendra moins aigre et qu'on finira même par s'entendre ; car on cède à l'autorité des faits, tandis qu'on résiste à l'argumentation la plus serrée. Jusqu'ici, nous n'avons presque jamais fait de la politique qu'en métaphysiciens ; ne nous étonnons donc pas si la matière nous paraît encore aussi confuse et si nous nous trouvons aussi peu d'accord.

Procédant de la sorte, nous ne dirons plus, par exemple, qu'il faut de toute nécessité dans un gouvernement représentatif une chambre aristocratique, mais bien que partout où l'aristocratie existe, elle doit être représentée dans le corps parlementaire ; qu'elle doit l'être dans un degré exactement proportionnel à l'importance du rôle qu'elle joue, sans quoi elle devient un élément de trouble, un principe de mort pour la constitution politique qui l'a répudiée ; et nous dirons aussi, d'un autre côté, que la conception d'une chambre aristocratique partout où il n'y a réellement pas d'aristocratie ne peut avoir de moins funestes conséquences. C'est ainsi que la question de la pairie héréditaire, qui préoccupe si fort les esprits parmi nous, se trouve ramenée à une simple question de fait. Il ne s'agit que d'ouvrir les yeux et de regarder autour de soi.

En effet, je le demande, qui pourrait voir encore en France de l'aristocratie? De bonne foi, la dissolution de cet élément social n'a-t-elle pas été aussi complète que possible? De tous les résultats de la révolution et de l'esprit philosophique qui l'a amenée, n'est-ce pas là le plus manifeste, le plus éclatant? Quelques-uns en gémissent, la plupart s'en félicitent, tous le reconnaissent, jusqu'à la plus grande partie de ceux que nous appelons encore assez ridiculement *les nobles*.

Il ne doit donc pas y avoir de chambre aristocratique en France. Un tel corps nécessairement hors de nos mœurs, de nos lois, de nos sentimens, de nos idées, constituerait parmi nos institutions politiques une anomalie fâcheuse vers laquelle seraient dirigées toutes les forces vives de l'opinion ; il succomberait bientôt au milieu des tempêtes , et le pouvoir qui aurait cru y trouver un appui courrait grand risque de le suivre dans sa chute.

Quelques personnes, il est vrai, tout en avouant qu'il n'y a point d'aristocratie en France, croient pouvoir ne pas entacher de cette dénomination l'institution d'une pairie héréditaire. Mais c'est tomber dans une singulière contradiction et vouloir simplement la chose sans le mot; car en réalité, si un corps dont les membres se transmettent de mâle en mâle , par ordre de primogéniture, leurs titres et fonctions, en faveur duquel est faite une loi exceptionnelle de partage, qui est investi d'une haute prérogative judiciaire, occupe le premier rang dans l'État, et fournit de rigueur quelques membres aux conseils de la couronne, n'est pas aristocratique en principe et de fait, je demande ce qu'il faudrait faire encore pour le rendre tel.

La pairie d'Angleterre est constituée d'après ces bases. Or assurément on aurait mauvaise grâce à prétendre qu'elle n'est pas aristocratique dans ce pays. C'est à ce titre qu'elle y trouve de si ardens apologistes, et, depuis quelque tems, des détracteurs dont le nombre s'accroîtra sans doute de jour en jour. C'est précisément parce qu'elle est une aristocratie puissante qui s'appuie sur une autre aristocratie secondaire , nombreuse et riche, qu'elle est indépendante et forte, et non parce qu'elle est une magistrature héréditaire , comme le croient naïvement bien des gens à qui il semble qu'il n'y a à présent qu'à emporter, comme on dit, le principe d'hérédité, après quoi nous pourrons dormir tranquilles , sûrs que nous tenons une pairie devant laquelle viendra toujours se briser le flot populaire. Mais l'institution, je le répète, n'est forte que parce qu'elle est radicalement aristocratique, et comme telle, elle n'est plus possible dans un pays par où l'assemblée constituante a passé. Louis XVIII ne l'a compris qu'à demi, et il nous a donné dans sa Chambre des pairs une pâle copie de ce qu'il avait fort bien étudié pendant son long exil de l'autre côté du détroit. Il en est résulté une assemblée qui a pu accidentellement être utile, mais qui s'est toujours trouvée sans force dans les cas extraordinaires pour lesquels un tel corps est justement institué. Très-probablement cette méprise est la première origine de toutes les fautes qui ont amené l'expulsion de la branche aînée. N'est-ce pas une véritable fatalité qu'un assez grand nombre des *soutiens* du trône actuel ne voient encore rien de mieux à lui conseiller que d'introduire dans la Charte de 1830 cette pauvre combinaison de celle de 1814 !

Mais sera-t-on tenté de dire : cette Chambre, qui ne doit avoir aucun caractère aristocratique, et dont l'organisation présente, il faut l'avouer, de graves difficultés, est-elle indispensable? est-elle un élément absolument nécessaire du système représentatif? Je ne le pense pas. Assurément on peut comprendre, on peut prévoir même un état de société tel que cet élément devienne une superfétation nuisible. On a cru déjà y être arrivé dans plusieurs pays où l'unité du corps parlementaire est devenue un principe constitutif; mais l'expérience a prouvé jusqu'à présent que les plus fortes chances de durée sans perturbations violentes sont pour les constitutions qui ont scindé la représentation nationale en deux corps : aussi est-on revenu sur ses pas dans quelques contrées où, d'après des actes plus récens, le principe des deux chambres a remplacé le principe d'unité. Parmi nous il est manifeste que l'opinion générale est pour le maintien d'une première chambre : ce serait déjà une forte raison d'en créer une; mais il y en a une autre qui ne me paraît pas avoir été encore parfaitement reconnue.

Comme je l'ai dit plus haut, nous sortons d'une lutte, et cette lutte à peine terminée chez nous ne fait que commencer ailleurs. Dans cette lutte la victoire est restée à la science et à l'industrie sur le privilége; elle a été long-tems disputée, et trois siècles marqués par de si mémorables efforts de l'esprit humain attestent assez tout ce qu'il a fallu de courageuse persévérance à la classe intermédiaire pour faire graduellement passer de son côté la propriété territoriale et l'influence politique, pour déposséder l'aristocratie et enlever ses anciennes positions. Elle les occupe aujourd'hui par l'issue du combat, et se trouve, sous plusieurs rapports, substituée à ceux qu'elle a vaincus : or de cet état de choses doit naître, si je ne me trompe, une lutte nouvelle qui aura quelques-uns des caractères de la précédente. Elle s'établira entre les classes qui ont remplacé l'aristocratie et celles qui n'ont rien ou presque rien gagné à ce long et sanglant débat, entre celles qui ont à défendre les immenses avantages sociaux qu'elles ont conquis, et celles qui se trouvent à peu de chose près maintenues dans toutes les misères de leur condition passée; entre celles qui possèdent les lumières, le sol, le pouvoir, et celles qui n'ont presque fait que changer de servage. Cela est fâcheux sans doute, mais inévitable : c'est un fait qu'il faut subir, un état de transition par lequel il faut passer, en attendant que la division plus complète de la propriété, la diffusion des lumières, une meilleure organisation industrielle, aient amélioré l'existence du peuple et confondu en une masse homogène deux fractions, dont l'une est nécessairement en état d'agression imminente, et l'autre se tient sur une défensive qui deviendrait d'autant plus aisément agressive qu'elle a tout l'orgueil d'un récent triomphe.

Je voudrais qu'on ne se méprît pas sur mes paroles ; je tâche simplement d'observer la nature des choses sociales et politiques, et j'énonce le résultat de cette observation. Il me semble que tout confirme l'idée que j'émets ici. Voilà l'origine de ces querelles animées des cités et des campagnes, de la bourgeoisie et du peuple, qui ont partout et toujours succédé à la chute définitive du système féodal ; et voilà aussi la cause de cette défiance à l'égard des classes inférieures que trahissent toutes nos lois, même les plus libérales, défiance à laquelle participent à leur insu les hommes mêmes qui se croient, et ont raison de se croire, les vrais défenseurs des intérêts populaires. Qu'on relise seulement dans les débats de la session précédente la discussion des lois électorale et municipale, et chaque discours offrira, j'en réponds, la justification des vues que j'émets ici. Qui n'a reculé devant une extension indéfinie du droit électoral? qui n'a consenti à exiger un certain cens? Or, je le demande ici, pourquoi?

Ceci posé, il paraît indispensable d'assigner une forte part dans la représentation nationale à ces grands intérêts sociaux, formés de tous les genres de capacité, sans quoi ils se sentent menacés, ne se rallient que faiblement à l'ordre établi, souvent même l'abandonnent à la première faction qui le saisit audacieusement corps à corps. Qu'on y songe, ne serait-ce pas la véritable cause du malaise qui règne en France depuis un an, de cette suspension des affaires, de cette altération du crédit, de cette anxiété des esprits, que les hommes sans portée croient expliquer par de vaines accusations contre une exaltation patriotique, dont la manifestation ne devient jamais véritablement dangereuse que par les maladresses du pouvoir? Ne serait-ce pas que par cette lacune si absurdement laissée, par les législateurs de 1850, dans une constitution *qui proclame comme base fondamentale la souveraineté du peuple*, les rangs supérieurs de la société redoutent une invasion et n'ont aucune digue à lui opposer? Pour lui rendre la confiance, constituons donc une première chambre, et constituons-la forte et indépendante ; le pays reprendra alors son mouvement et sa vie, et nous pourrons marcher sans entraves à tous les développemens du gouvernement représentatif. En effet, le pouvoir qui promet incessamment d'être fort et résolu saura enfin sur quoi appuyer ces résistances salutaires que sa mission est d'opposer quelquefois à des écarts qui n'ont que l'apparence du vœu public ; d'un autre côté, il est évident

qu'il nous sera beaucoup plus facile alors d'obtenir graduellement une chambre élective vraiment animée de l'intérêt des
masses, vraiment populaire ; elle sera moins redoutée quand
elle ne sera plus seule ; et l'on tiendra beaucoup moins à y
voir figurer la grande propriété et la haute industrie, qui auront leur représentation spéciale. Si je ne m'abuse, les passions
du moment calmées, ces résultats sont infaillibles.

Quelques personnes vont, je le sais, se récrier sur ce que nous
constituons ainsi un corps qui manifestera un esprit particulier
et stationnaire, qui aura une manière de voir à lui relativement
aux mesures de bien public, et qui pourra souvent contrarier
les vues de prompte amélioration de l'autre chambre. En vérité, oui, ce sera ainsi; mais je ne vois pas la possibilité qu'il en
soit autrement. La société en est là. Il y aurait sans doute un
moyen d'éviter la lutte : ce serait d'établir une seule chambre
d'où le torrent démocratique pût se précipiter sans obstacles.
Faisons-le; au bout de peu de tems, la monarchie de juillet
s'y engloutira; nous recommencerons la Convention, et nous
finirons comme elle. Puis alors, si personne n'a retrouvé l'é-
pée et le gant de fer de Napoléon, nous serons justement re-
venus au même point, et nous aurons à constituer, comme
à présent, les grands intérêts sociaux qui auront subsisté ou
qui se seront formés dans l'intervalle.

Mais comment doit être constituée cette première chambre
pour atteindre le but proposé? Avant d'émettre quelques idées
à ce sujet, consultons l'expérience, et voyons comment cette
même chambre a été organisée partout où a été introduit le
système représentatif. Il ressort, comme on va le voir, de cet
exposé une leçon importante dont nous pourrons faire notre
profit.

Il y a trois classes de gouvernemens représentatifs : 1° ceux
qui ont encore conservé l'ancienne division par ordres et dont
le corps législatif, ordinairement dénommé *Etats*, est composé de trois et quelquefois de quatre chambres, comme en

Suède; 2º ceux où l'ancienne assemblée d'États a été transformée en un corps représentatif unique, comme l'Espagne sous les cortès; 5º enfin ceux qui se composent de deux chambres. D'après le système adopté, il est clair que les derniers doivent seuls nous occuper, et dans cette classe nous établirons sur-le-champ une division qui jette une vive clarté sur la question. Nous considérerons tour à tour les gouvernemens des pays où existe encore l'aristocratie, et ceux d'où elle a entièrement disparu; par une coïncidence parfaite avec les idées développées dans les pages précédentes, il se trouve que, dans les premiers, le principe d'hérédité est consacré par la constitution en faveur des membres de la première chambre, tandis que, dans les seconds, ils sont nommés à vie ou pour un certain tems. La France, telle que l'a constituée Louis XVIII, faisait exception à cette règle, puisqu'avec une noblesse simplement titulaire, sa Chambre des pairs était héréditaire. La Pologne, où une aristocratie réelle est représentée par un sénat dont les membres sont nommés à vie, est une autre exception dans le sens inverse.

Dans la série des états dont la loi politique consacre une aristocratie se rangent l'Angleterre, la Hongrie, la Bavière, le Wurtemberg, les grands-duchés de Bade et de Hesse-Darmstadt et enfin la France, pour peu de tems encore, il est permis de l'espérer; plaçons dans la seconde série la Norvège, la Pologne, la Hollande, la Belgique et tous les états du nouveau continent de la surface duquel toute institution aristocratique a été radicalement effacée.

En Angleterre, la chambre des pairs ou chambre haute se compose des lords spirituels ou évêques, et des lords temporels ou laïcs. Le nombre de ses membres est illimité. Le roi crée des pairs à volonté. L'initiative lui appartient comme à la chambre des communes, et tout bill qui pourrait affecter les droits de la pairie doit prendre naissance dans son sein; les bills de finances sont au contraire portés d'abord aux communes, et la chambre des pairs les accepte ou les rejette pure-ment et simplement. Un pair nommé par le roi peut être dé-claré indigne par la chambre; un pair ne peut jamais être emprisonné pour condamnations civiles; un étranger, quoique naturalisé, n'est point apte à devenir pair; on ne peut siéger dans la chambre avant vingt-un ans; il est loisible à tout pair, avec la permission du roi, de donner procuration à un autre pour voter en son absence; chaque pair a le droit de faire en-registrer au procès-verbal de la chambre une protestation contre ses actes. Le président est nommé par le roi. La cham-bre juge les agens de la couronne sur accusations intentées par les communes; elle juge également les membres des deux chambres. La pairie est héréditaire et attachée aux familles avec un titre seigneurial particulier; elle se transmet d'après les règles appliquées à la succession des fiefs et passe ainsi aux filles qui la portent en mariage à leur époux. Voilà ce que présente de plus important, au sujet de la pairie, la législation politique de l'Angleterre. Il suffit assurément de jeter un coup d'œil rapide sur l'histoire de ce pays, et de voir comment se sont établies avec le tems les prérogatives de cette portion du corps représentatif britannique, pour reconnaître combien une telle institution est de nos jours impossible dans la plus grande partie des états du continent européen.

D'après l'ancienne constitution de Hongrie, la diète est divisée en deux chambres : la première, qui porte le titre de chambre des magnats, se compose des princes, comtes et hauts barons et archevêques; la seconde n'est elle-même qu'un corps aristocratique composé des députés de la noblesse d'un ordre inférieur, du bas clergé et des villes royales. La di-gnité de magnat est héréditaire; le roi peut la conférer à tout noble hongrois. Du reste, l'ordre féodal s'est maintenu dans cet état à tel point que les nobles sont exempts d'impôts, ne paient que des subsides volontaires, et jouissent du droit de juridiction seigneuriale en première instance à l'égard de leurs vassaux. Il n'y a rien de plus à ajouter.

Viennent ensuite quatre États germaniques, dont les constitutions respectives présentent de grands rapports parce que leur organisation civile est à peu près la même.

En Bavière, d'après la constitution de 1818, l'assemblée des États du royaume se compose de deux chambres, celle des sénateurs et celle des députés (tit. VI, art. 1). La chambre des sénateurs se compose des princes majeurs de la famille royale, des officiers de la couronne, des premiers dignitaires du clergé, des chefs des anciennes familles de princes et comtes qui étaient États de l'empire germanique (*la dignité devant être héréditaire pour ceux-là tant qu'ils resteront en possession de leurs anciennes seigneuries*); enfin des personnes que le roi nommera à vie pour services rendus à l'État (2). Le droit héréditaire ne peut passer qu'à ceux qui possèdent la plénitude des droits civils et politiques et un bien-fonds, soit féodal, soit en fidéicommis, payant au moins 500 florins d'impôt (3). Le nombre des sénateurs à vie ne peut dépasser le tiers des sénateurs héréditaires (4). Le sénat peut recevoir en premier lieu toute proposition de lois autres que celles relatives aux impôts qui doivent être d'abord délibérées par les députés (18). Les États sont convoqués au moins une fois tous les trois ans (titre VII, 22). A cette constitution est annexé un édit constitutif de la noblesse qui lui assure le droit de jouir d'une juridiction privilégiée, d'établir des fidéicommis de famille, *d'élire le huitième des députés dans la seconde chambre*, etc.

En Wurtemberg, d'après la constitution de 1819, la chambre des seigneurs se compose des princes de la famille royale, des chefs de familles de princes et de comtes, et des représentans des nobles aux possessions desquels était attachée une voix dans la diète de l'empire ou du cercle ; enfin des membres nommés par le roi, à vie ou à titre héréditaire (129). Quant aux membres héréditaires, le roi ne peut les choisir que parmi les nobles de la classe des barons et des chevaliers qui justifient d'une propriété, dans le royaume, se transmettant suivant le droit d'aînesse avec charge d'un fidéicommis et d'un revenu annuel de 6,000 florins., abstraction faite des redevances (130). Les membres à vie peuvent être choisis parmi les citoyens les plus recommandables sans égard à la fortune et à la naissance (131). Le nombre des membres nommés par le roi, soit à vie, soit héréditairement, ne peut excéder le tiers des autres membres de la chambre (132).

En session, les princes de la maison royale occupent la première place ; après eux viennent les barons qui occupent des rangs déterminés entre eux ; les autres siègent dans l'ordre de leur nomination (162). Toute proposition de loi peut être portée d'abord à la première chambre, excepté celles concernant l'impôt qui doivent l'être d'abord à la chambre des députés (178). Aucun membre ne peut être arrêté pendant la session, sauf le cas de crime flagrant (184). Tous sont aptes à faire partie de la haute-cour, qui se compose de douze juges, dont six sont choisis par le roi parmi les magistrats des autres cours, et six choisis par les États dans leur sein (196).

Il convient de rapprocher de ces dispositions constitutives de la première chambre d'autres articles du même acte qui règlent les droits des possesseurs de biens nobles, leur assurent l'élection de treize membres de la chambre inférieure dans leur ordre, le droit de voter dans chacun des cercles où ils possèdent des biens nobles (39, 136, 145).

Dans le grand-duché de Bade., d'après la constitution de 1818, la première chambre se compose des princes de la maison ducale, des chefs des maisons dites *d'état*, de deux dignitaires ecclésiastiques, de deux députés des universités, de huit députés de la noblesse et enfin des membres qu'i' plairait au grand-duc d'y appeler sans distinction de rang n. de naissance (27).

Remarquons ici que, dans cet État, il y a trois classes de nobles qui jouissent de droits politiques différens : 1° les membres des familles dites d'état, anciens immédiats de l'empire germanique ; 2º les possesseurs de terres seigneuriales, et 3º ceux de biens simplement nobles.

Les chefs des familles nobles à qui le grand-duc accorde une dignité de la haute noblesse entrent dans la première chambre comme héréditaires et égaux aux barons, pourvu qu'ils possèdent, en vertu du droit d'aînesse et de succession, un bien de famille ou un fief qui soit porté, après déduction des charges, à une valeur de 300,000 florins (28). Les huit députés de la noblesse sont élus par tous possesseurs de seigneuries ayant atteint vingt-un ans ; ils doivent eux-mêmes, pour être élus, avoir droit de vote et l'âge de vingt-cinq ans. Chaque élection a lieu pour huit ans ; la moitié sort tous les quatre ans (29). Les deux députés des deux universités sont élus pour quatre ans (31). Le nombre des membres de la première chambre nommés par le grand-duc ne peut dépasser huit (32). Toute proposition d'impôt doit d'abord être portée à la seconde chambre (60). Les séances sont publiques par exception aux constitutions de Bavière et de Wurtemberg (78). Le principe de l'élection à deux degrés est consacré pour la seconde chambre composée de soixante-trois membres (34). Peuvent voter pour faire les électeurs et peuvent le devenir tous les individus âgés de vingt-cinq ans, qui sont réputés citoyens dans le district électoral ou y exercent une fonction publique (36).

Dans le grand-duché de Hesse-Darmstadt, la constitution de 1820 a institué une première chambre qui se compose des princes de la maison ducale, des chefs de familles dites d'état, héréditaires, de deux dignitaires ecclésiastiques, l'un catholique, l'autre protestant ; du chancelier de l'université et des membres nommés à vie par le grand-duc ; le nombre de ceux-ci ne peut excéder dix (52). La seconde chambre se compose de députés de la noblesse et des villes élus pour six ans par une *triple* élection (57). La loi des finances doit être d'abord portée à la seconde chambre (67).

Les constitutions de quelques autres États allemands, trop peu considérables pour fixer notre attention, présentent des dispositions à peu près conformes à celles des quatre constitutions précédentes. Il est digne de remarque que, dans tous ces actes, le principe d'hérédité se trouve presque exclusivement consacré en faveur des familles qui étaient souveraines dans l'empire avant la révolution, et qu'on a voulu ainsi dédommager, ce semble, de la perte de leurs hautes prérogatives.

Parmi nous, c'est en 1795 que fut pour la première fois consacré le principe de la division du corps législatif. Jusque là il n'y avait eu qu'une seule assemblée qui, dans les derniers tems, avait absorbé en elle tous les pouvoirs. La constitution de l'an III mit un terme à la terrible unité de la Convention nationale. Il y eut alors deux conseils, tous deux électifs; c'est celui dit des anciens qui peut être comparé aux premières chambres des autres gouvernemens représentatifs.

Les membres de ce conseil étaient nommés par les assemblées électorales, formées elles-mêmes par les assemblées primaires; chaque département devait concourir à leur nomination à raison de sa population (49). Tous les dix ans le corps législatif devait, d'après les états de population qui lui seraient adressés, déterminer le nombre de membres que chaque département aurait à nommer (50). Le conseil devait être composé de deux cent-cinquante membres; tout membre devait avoir quarante ans accomplis, être marié ou veuf, et domicilié sur le territoire de la république depuis quinze ans (83). Il appartenait exclusivement au conseil des anciens de rejeter ou d'approuver les résolutions du conseil des cinq-cents (86); il pouvait changer par un décret le lieu de la résidence du corps législatif (102). On sait que c'est à la faveur de cette dernière disposition que fut consommée la révolution du 18 brumaire, qui renversa les conseils, le directoire, et enfin la république elle-même.

L'œuvre de déception qu'on appelle la constitution de l'an

viii, et dont le véritable but était d'établir le pouvoir d'un seul aux dépens des libertés de tous, introduisit une organisation législative toute nouvelle. Le tribunat, qui remplaça, à quelques égards, le conseil des anciens, se composait de cent membres, âgés de vingt-cinq ans au moins, renouvelés par cinquième tous les ans, et indéfiniment rééligibles tant qu'ils demeuraient sur la liste nationale (27). Cette liste nationale se formait du dixième de chaque liste départementale, désigné par les citoyens qui en faisaient partie (9). Les tribuns, ainsi que les membres du corps législatif et d'autres fonctionnaires élevés, étaient choisis par le sénat conservateur parmi les individus compris dans la liste nationale (20). Le tribunat recevait d'abord communication des projets de loi, les discutait et les adoptait ou les rejetait; trois orateurs pris dans son sein étaient chargés de porter au corps législatif, d'exposer et de défendre les projets de loi qu'il avait adoptés (28); chaque tribun recevait un traitement annuel de 15,000 fr. (36). Le sénatus-consulte organique de 1802 réduisit à cinquante le nombre des membres du tribunat, et le divisa en sections (77); il attribuait au sénat le droit de le dissoudre et de le renouveler en entier, ainsi que le corps législatif (78). Le sénatus-consulte organique de 1804 interdit toute discussions de projet de loi en assemblée générale des sections (97). Dès lors l'institution se trouva entièrement dénaturée; ce n'était plus qu'un conseil d'État, qui, ayant encore conservé une ombre d'indépendance, disparut devant le despotisme impérial. Par sénatus-consulte de 1807, l'unité du corps représentatif se trouva ainsi ramenée dans le gouvernement; car il faut regarder comme nul et non avenu l'article 71 du statut de 1804, qui accordait au sénat le droit de déclarer, après trois lectures d'un décret adopté par le corps législatif, qu'il n'y avait pas lieu à le promulguer.

C'est sur ce terrain que Louis XVIII construisit en 1814 la Chambre des pairs, démembrée peu de tems après une première fois, et qui vient de subir à la suite de la révolution de juillet un démembrement bien plus considérable, et tel qu'il n'en reste plus que quelques faibles débris. L'article 27 de l'ancienne Charte porte : « La nomination des pairs de France appartient au roi ; leur nombre est illimité ; il peut en varier les dignités, *les nommer à vie, ou les rendre héréditaires selon sa volonté.* » Un fait qui n'a pas été assez remarqué, c'est que le principe d'hérédité n'a véritablement reçu une consécration et une application universelle que par une ordonnance du 19 août 1815, qui porte que la dignité de pair est héréditaire de mâle en mâle, par ordre de primogéniture, dans les familles des membres actuels de la Chambre des pairs , et que la même prérogative est accordée aux pairs qui seront nommés ci-après. Or, cette ordonnance rapportée, on retomberait sous le régime de l'article 27, c'est-à-dire de pairs *héréditaires ou à vie, à volonté.*

Deux autres dispositions du même acte doivent être rappelées , savoir : l'article 28, qui donne entrée à la chambre à vingt-cinq ans, et voix délibérative à trente ; et l'article 33, qui attribue à cette chambre la connaissance des crimes de haute trahison et des attentats à la sûreté de l'état.

En Portugal, la Charte constitutionnelle, donnée en 1826 par le prince qui vient de descendre du trône impérial du Brésil, avait constitué une pairie d'après les principes de la Charte de 1814 ; les membres étaient aussi héréditaires ou à vie, nommés par le roi, et en nombre illimité.

L'ancienne constitution polonaise n'admettait qu'un corps représentatif et un seul ordre de la nation. La noblesse y était uniquement représentée par ses principaux membres. Avec le tems, une seconde fraction du corps nobiliaire s'introduisit dans la diète, et y fut représentée par les membres appelés nonces. En 1774, lors de la première dislocation du territoire polonais, que consommèrent définitivement plus tard, contre tous les droits des nations, trois grandes puissances·

aujourd'hui encore investies de ses dépouilles, la constitution fut réformée ; il y eut un sénat et une chambre des nonces, qui siégèrent séparément. Le sénat se forma des évêques, des palatins, castellans et grands dignitaires de l'état. Comme par le passé, les nobles seuls concouraient à la composition de la chambre des nonces. Les mêmes principes furent momentanément consacrés par la constitution de 1791. En 1807, Napoléon, ayant recréé d'un des débris de l'ancienne Pologne le grand-duché de Varsovie, lui donna une constitution par laquelle furent rétablies les institutions des constitutions précédentes ; la première chambre dut se composer de dix-huit sénateurs, dont douze palatins et castellans nommés à vie par le roi, et six évêques (23, 24 et 26). Le sénat ne pouvait refuser son approbation aux projets de loi votés par les nonces que dans certains cas, notamment quand ils lui paraissaient contraires à la sûreté de l'État, à la constitution, etc. (28). Quand le sénat refusait sa sanction, il investissait le prince de l'autorité nécessaire pour annuler la délibération des nonces (29) ; en cas de refus, le grand-duc pouvait créer jusqu'à douze sénateurs, et représenter de nouveau la loi adoptée par les nonces (32) ; enfin il pouvait, nonobstant le refus du sénat, donner son consentement au projet, qui devenait ainsi loi (34). La chambre des nonces se composait de soixante membres, nommés par les districts ou assemblées des nobles de chaque district, et de quarante députés des communes (35).

Ces articles, sauf quelques modifications, ont passé dans la Charte constitutionnelle donnée par l'empereur Alexandre en 1815, et dont la violation perpétuelle a été le principal motif de la lutte héroïque qui signale aujourd'hui le nom polonais à l'admiration de la postérité. Aux membres composant le sénat, d'après les actes précédens, il faut ajouter les princes du sang impérial et royal, qui siégent et votent à l'âge de dix-huit ans (108 et 112). Le nombre des sénateurs ne peut dépasser la moitié de celui des nonces et des députés ; le roi nomme douze sénateurs à vie, sur la présentation de deux nonces par le sénat pour les laïcs (110). Nul ne peut être élu s'il n'a trente-cinq ans accomplis et s'il ne paie une contribution annuelle de 2000 florins de Pologne (111). Le sénat, transformé en haute cour nationale, statue sur la proposition de la mise en jugement des sénateurs, ministres, etc., accusés par les nonces (116).

La Norvége, soumise, ainsi que la Suède, au sceptre de l'un des plus illustres généraux de nos armées républicaines, a reçu en 1814 une constitution spéciale, instituant un corps représentatif, qui se subdivise lui-même en deux chambres. Voici les principes d'après lesquels s'effectue cette bizarre et démocratique composition d'une chambre haute. L'article 49 de la constitution porte que le peuple exerce le pouvoir législatif par la diète appelée Storthing, et qui se compose de deux chambres, sous les noms de Lagthing et Odelsthing, mots qui peuvent se traduire par ceux-ci : *chambre des légistes et chambre des propriétaires*. Les membres du Storthing sont élus par des électeurs, élus eux-mêmes en assemblées primaires, au nombre de un sur cinquante citoyens ayant droit de voter (57). Nul ne peut être élu s'il n'est âgé de trente ans et domicilié depuis dix ans dans le royaume (61). Tout représentant a le droit d'être indemnisé par le trésor de l'État des frais de route et de séjour au lieu où siège la diète (65). La diète s'assemble tous les trois ans, sauf les cas extraordinaires (68). Dès qu'elle s'est constituée, elle choisit parmi ses membres *un quart pour former la première chambre*, ou Lagthing ; les autres trois quarts composent la seconde, ou l'Odelsthing ; chacune a dès lors ses assemblées particulières et nomme son président et son secrétaire (74). Toute loi doit d'abord être proposée à la seconde chambre, puis renvoyée à la première, qui l'approuve ou la rejette, et, dans ce dernier cas, la renvoie à la seconde chambre avec ses observations ; celle-ci, l'ayant de nouveau examinée, la renvoie à la première chambre, avec ou sans amendement. Quand un projet a été deux fois repoussé par la première chambre, les deux assemblées se réunissent et délibèrent ensemble sur le projet; les deux tiers des voix décident le rejet ou l'adoption. Il doit s'écouler au moins trois jours entre chacune de ces délibérations (76). La signature du roi apposée à une résolution adoptée par la diète en assemblée partielle ou générale en fait une loi (78). Une résolution à laquelle le roi a refusé son consentement ne peut lui être proposée de nouveau que dans la diète prochaine; s'il a refusé une seconde fois son consentement, elle ne peut lui être proposée une troisième fois que dans une troisième diète; mais alors *elle acquiert force de loi, nonobstant le refus de la sanction royale* (79). La diète ne peut prolonger sa session au-delà de trois mois, sans autorisation du roi (80). Les membres de la première chambre composent, avec ceux de la cour suprême, la haute cour du royaume qui juge les fonctionnaires poursuivis par la seconde chambre, et les membres de la diète eux-mêmes, pour des crimes commis en leur qualité de représentans. Le président de la première chambre préside la haute cour (86). Il suffit, pour expliquer cette constitution, sans contredit la plus libérale de toutes celles qui régissent des états monarchiques, de rappeler que l'aristocratie, qui n'a jamais été fort considérable en Norvége, y est aujourd'hui entièrement effacée, et que divers articles du même acte constitutif interdisent au souverain d'attacher à aucun titre des fonctions héréditaires, et d'établir de nouvelles baronnies.

La constitution donnée en 1815 aux Pays-Bas, et qui depuis la révolution de septembre 1830, reproduction fidèle et non moins glorieuse de notre révolution de juillet, est aujourd'hui la constitution du seul royaume de Hollande, a pour la première fois introduit dans ces provinces le principe de la division du corps représentatif. La première chambre est ainsi formée d'après cette constitution : elle se compose de quarante membres au moins et de soixante au plus ; ces membres sont nommés à vie par le roi, parmi les personnes les plus distinguées par leurs services, leur naissance ou leur fortune ; ils doivent être âgés de quarante ans (80). Ils n'ont pas l'initiative des propositions, et rejettent ou approuvent simplement celles qui ont été délibérées par la chambre élective (114 et 115). Ils reçoivent pour indemnité de déplacement et de séjour une somme de 3,000 florins (87).

La constitution du nouveau royaume des Belges établit également une première chambre sous le nom de sénat : les membres de ce corps sont élus par les colléges électoraux qui élisent la chambre élective ; le nombre ne doit pas dépasser la moitié de celui des membres de l'autre chambre ; ils sont élus pour une durée double de celle qui est attribuée à ces derniers ; le sénat peut être dissous par le roi ; pour être sénateur, il faut être âgé d'au moins quarante ans et payer 1,000 florins d'impositions directes ; les patentes même y sont comprises. Dans certaines provinces, la liste des éligibles pourra être augmentée des plus imposés jusqu'à ce qu'elle s'élève à un sur 6,000 habitans ; les sénateurs ne reçoivent ni traitement ni indemnité ; l'héritier présomptif du souverain fait de droit partie du sénat à l'âge de dix-huit ans ; mais il n'y vote qu'à vingt-cinq ans.

En Amérique, un État jeune encore, mais dont la marche rapide dans les voies de la civilisation a déjà devancé les contrées du monde occidental, possède une constitution qui a servi de modèle en général aux États récemment affranchis du joug des métropoles.

Le plan de la constitution fédérale de l'Union fut arrêté par une convention en 1787 et adopté le 3 mars 1789 par tous les États ; depuis on y a ajouté douze articles additionnels qui attribuent le pouvoir législatif tout entier au congrès, divisé en un sénat et en une chambre des représentans.

Le sénat se compose de deux sénateurs nommés pour six

ans par la législature de chaque État et qui ont chacun une voix. Il est divisé en trois séries, dont une est renouvelée tous les deux ans. Si une place vient à vaquer pendant l'intervalle des sessions de la législature de l'État auquel appartenait le sénateur décédé, le pouvoir exécutif de cet État pourvoit à la vacance jusqu'à l'ouverture de la session. Il faut, pour pouvoir être sénateur, être âgé de trente ans, avoir été citoyen des États-Unis pendant les neuf années antérieures à la nomination, enfin habiter au moment même de l'élection l'État où l'on est élu. Le sénat est présidé par le vice-président des États-Unis ; mais ce fonctionnaire n'a voix que lorsque les suffrages sont également partagés. Le sénat juge seul les accusations de crime d'État. Les deux tiers des membres sont nécessaires pour qu'il y ait condamnation. La législature de chaque État prescrit l'époque, l'endroit et le mode des élections des sénateurs ainsi que des représentans ; le congrès a pourtant le droit de faire des réglemens à cet égard. Les sénateurs reçoivent une indemnité du trésor ainsi que les représentans. Ils ne peuvent être arrêtés pendant la durée des sessions que pour trahison. Nul sénateur ne peut, pendant le terme pour lequel il est élu, être nommé à aucun emploi civil dans le gouvernement, et tout citoyen ayant un emploi quelconque dépendant du gouvernement ne peut être élu membre d'aucune des chambres.

Les constitutions particulières de chaque État sont à peu d'exceptions près basées sur ces principes. Dans tous, le pouvoir législatif est divisé en deux corps dont l'un, le premier, porte le titre de sénat. Les États de Connecticut, New-Jersey et Vermont seuls ont un corps qui, sous le titre de *Conseil*, participe au pouvoir exécutif ; le gouverneur et le sous-gouverneur de l'État qui sont élus par le peuple en font partie. Dans les autres États, le sénat forme un pouvoir distinct du pouvoir exécutif et un des élémens du corps législatif. Partout les membres de ce corps sont élus par les citoyens pour une durée qui varie de un an à six ans ; en général les actes fixent une certaine propriété qu'ils doivent posséder. Quelques-uns n'en font pourtant pas mention. Il en est de même pour le domicile politique dans l'État où se fait l'élection ; certaines constitutions exigent une résidence qui varie de deux à neuf ans. Le nombre des membres est également très-variable : il est de soixante-deux dans la Caroline du nord, de quarante-trois dans la Caroline du sud, de quarante dans le Massachussets, le Maryland et la Géorgie, de trente-deux dans le New-York, de treize dans le New-Hampshire et de neuf dans le Delaware. Dans d'autres États, une limite est simplement posée. Enfin, pour l'âge requis, il varie entre vingt-et-un ans et trente-cinq. Quelques-uns de ces actes seulement attribuent au sénat la haute prérogative judiciaire et fixent une indemnité pour chaque sénateur.

La constitution fédérale du Mexique de 1824 est en général calquée sur les principes de celle des États-Unis. Elle institue aussi un congrès divisé en deux corps : un sénat et une chambre des députés, tous deux électifs. Il n'y a rien de plus à ajouter de même que pour celle de la république de Guatemala ou de l'Amérique centrale.

A Haïti, d'après la constitution de 1806, qui régit aujourd'hui la république, le pouvoir législatif réside dans une chambre des représentans des communes et dans un sénat (54). Le sénat est composé de vingt-quatre membres et ne peut jamais excéder ce nombre (101). Les sénateurs sont nommés pour neuf ans par la chambre des représentans (102) sur des listes de candidats, portant trois noms pour chaque titre de sénateur, présentées par le pouvoir exécutif (107) ; les sénateurs doivent être âgés de trente ans au moins (103), non revêtus de fonctions publiques autres que les militaires (105); les sénateurs à élire ne peuvent dans aucun cas être pris parmi les membres de la chambre des communes en fonctions (111). Un sénateur ne peut être réélu qu'après un intervalle de trois années (112). Le sénat est permanent et ne peut s'ajourner pendant la session (114); les sénateurs reçoivent du trésor public une indemnité de 1,600 gourdes (120). Le sénat peut rejeter les lois qui lui sont proposées par les chambres des communes sans en déduire les motifs (134).

Indépendamment de ses fonctions comme corps législatif, le sénat est investi d'autres prérogatives importantes ; à lui seul appartient la nomination du président (123) ; sur la dénonciation du pouvoir exécutif ou de la chambre des représentans, il rend les décrets d'accusation contre les comptables ou autres fonctionnaires (124) et les traduit devant la haute cour de justice (126), sanctionne les traités (125), décrète les sommes qui doivent être affectées aux divers services publics.

La constitution des Provinces-Unies du Sud (la Plata), faite à Buenos-Ayres en 1819, établit un congrès national composé de deux chambres : la première, appelée sénat, se forme d'un sénateur par province, de trois sénateurs militaires, de quatre ecclésiastiques, d'un sénateur pour chaque université, et des directeurs de l'État à la cessation de leurs fonctions (10). Il faut avoir trente ans accomplis, la qualité de citoyen depuis neuf ans, et posséder un capital de 800 piastres (environ 40,000 fr.) ou une rente équivalente, ou une profession honorable (11). Les sénateurs restent en fonctions douze ans et sont renouvelés par tiers tous les quatre ans (12). Les sénateurs des provinces sont élus par des électeurs désignés dans chaque municipalité (14); les sénateurs militaires sont nommés par le directeur, et les ecclésiastiques par le clergé (15, 16 et 17); les accusations portées par la chambre des représentans sont jugées en audience publique par le sénat (18). Le sénat concourt à l'élection du directeur de la république ainsi que la chambre des représentans (62). Tous projets de loi peuvent d'abord lui être présentés, sauf ceux de finances (46). Cette constitution, née au sein des dissentions civiles, a depuis été altérée par divers actes.

La constitution fédérale des provinces de Venezuela et Caraccas de 1811 avait également institué un sénat doté d'attributions à peu près semblables. En 1821, la constitution de la république de Colombie institua un congrès divisé en deux chambres; la première, également nommée sénat, a le droit de recevoir tous les projets de loi d'abord, sauf les projets de finances (41); les sénateurs sont nommés par les départemens au nombre de quatre pour chacun (93); la durée des fonctions est de huit ans et ils sont renouvelés tous les quatre ans par moitié (94); ils doivent être âgés de trente ans, être domiciliés au moins depuis trois ans, sauf les exceptions, et posséder une propriété foncière de valeur nette de 4,000 piastres, ou un revenu annuel de 500 piastres, ou être *professeurs d'une science utile* (95). Ils forment une cour de justice (97). La constitution de 1830 a apporté quelques modifications à cette organisation. D'après cet acte, il faut, pour être sénateur, avoir 40 ans accomplis, posséder un bien-fonds de 8,000 piastres, ou jouir d'un revenu de 1000 piastres s'il provient d'un bien-fonds, 1,500 s'il provient d'une profession utile. Les sénateurs sont nommés pour huit ans et renouvelés par quart de deux en deux ans. Ils sont nommés par les assemblées provinciales formées d'électeurs qui nomment aussi les représentans, ainsi que les présidens et vice-présidens de la république.

La constitution du Pérou est basée sur les mêmes principes.

Au Chili, il y a également un sénat composé de neuf membres nommés annuellement par les assemblées électorales, mais qui peuvent être réélus. Ils doivent être âgés de trente ans et posséder une propriété valant au moins 5,000 pesos.

Au Brésil, enfin, la constitution de 1823 institue un sénat composé de membres à vie et nommés par l'empereur sur des listes triples formées par les élections provinciales (40 et 43). Le nombre des membres doit être moitié de celui de l'autre chambre (41). Les conditions sont d'être âgé de quarante ans au moins, d'être *savant, habile et vertueux*, d'avoir rendu des services à la patrie, de posséder un revenu annuel de 800,000 reis, soit en biens, soit par son industrie, commerce ou emplois (45). Les princes de la maison impériale font de droit partie du sénat à l'âge de vingt-cinq ans (46). Il forme une haute cour nationale (47). Le subside des sénateurs est double de celui des députés (50) (1).

Tels sont les principes d'après lesquels on a cru, suivant les tems et les lieux, devoir organiser la première chambre du corps représentatif. C'est parmi ces élémens divers qu'il faut puiser pour opérer une combinaison nouvelle sagement adaptée à notre état social. Or, il semble qu'une assemblée dont les membres seraient nommés à vie par le roi, en nombre limité et proportionnel à celui des membres de l'autre assemblée, et sur des listes de haute candidature formées d'après certaines conditions de cens et d'illustration quelconque, il semble, dis-je, qu'un tel corps réunirait toutes les conditions désirables ; qu'il serait à la fois national et indépendant, qu'il offrirait de sages garanties aux intérêts qu'il serait spécialement chargé de représenter. Au surplus, je ne ferai qu'indiquer ces bases ; c'est à d'autres qu'il appartient de les étendre, de les amender, et de fonder ainsi une institution qui n'a réellement pas existé encore en France,

---

(1) Afin d'épargner les recherches et les rapprochemens au lecteur, on a présenté dans le tableau statistique ci-joint les notions principales de cet exposé, dont les élémens sont empruntés à la *Collection des Constitutions et Lois fondamentales* des peuples d'Europe et d'Amérique, par MM. Dufau, Duvergier et Guadet. (Chez Pichon et Didier, quai des Augustins ; 6 vol, in-8° avec un supplément jusqu'à 1830)

et qui, si le juste point de vue de la question est saisi par notre législation actuelle, pourra assurer un long avenir à la liberté en France, et servir de modèle à l'Europe dans les révolutions successives que le siècle doit amener, et qui auront pour objet d'y effacer l'aristocratie.

ÉTATS.	DÉNOMINATION.	NOMBRE.	FORMATION.	AGE.	FORTUNE.	DURÉE DES FONCTIONS.	INDEMNITÉ.	PRÉROGATIVE JUDICIAIRE.	POPULATION.	CONDITION SOCIALE.	FORME du pouvoir exécutif.	DATE de la Constitution.
Angleterre.	Chambre des pairs.	Illimité.	Par hérédité et par nomination royale.	21 ans.	—	Héréditaire.	—	Haute-cour.	23,000,000	Une aristocratie.	Un roi.	Indéterminée.
Bade.	1re chambre.	—	Par hérédité; par nomination du prince pour huit; par élection de la noblesse pour huit, et des universités pour quatre.	21 ans pour les héréditaires, 25 pour les autres.	Un bien fonds de 300,000 florins pour les héréditaires.	Héréditaire; à vie pour ceux que nomme le prince; 8 ans pour les députés de la noblesse; 4 ans pour ceux des universités.	—	—	1,200,000	Une aristocratie.	Un grand-duc.	1818.
Bavière.	Sénat.	—	Par hérédité et par nomination royale.	21 ans pour les héréditaires, 25 pour les autres.	Un bien fonds payant 500 fl. d'impôt pour les héréditaires.	Héréditaire pour deux tiers; à vie pour un tiers.	—	—	4,000,000	Une aristocratie.	Un roi.	1818.
Belgique.	Sénat.	Moitié de celui des membres de l'autre chambre.	Par les collèges électoraux.	40 ans.	1,000 florins de revenu.	Double de la durée de l'autre chambre.	—	—	3,000,000	Une noblesse titulaire.	Un roi.	1830.
Brésil.	Sénat.	Moitié de celui des membres de l'autre chambre.	Par nomination de l'empereur sur listes triples.	40 ans.	80,000 reis de revenu.	A vie.	Double de celle des députés.	Haute-cour.	5,000,000	Une noblesse titulaire.	Un empereur.	1823.
Chili.	Sénat conservateur.	9.	Par les assemblées électorales.	30 ans.	5,000 pesos de capital.	Un an.	—	—	1,400,000	Point d'aristocratie.	Un directeur suprême élu pour 4 ans.	1818.
Colombie.	Sénat.	1 par chaque province.	Par les assemblées électorales.	40 ans.	3,000 piastres de capital.	Huit ans.	—	—	2,800,000	Point d'aristocratie.	Un président élu pour 8 ans.	1830.
États-Unis.	Sénat.	2 par chaque état.	Par les assemblées électorales.	30 ans.	—	Six ans.	Indéterminée.	Haute-cour.	12,000,000	Point d'aristocratie.	Un président élu pour 4 ans.	[illegible]
France.	Chambre des pairs.	Illimité.	Par le roi.	30 ans sont entrée à 25.	—	Héréditaire.	—	Haute-cour.	32,000,000	Une noblesse titulaire.	Un roi.	1814.
Haïti.	Sénat.	24.	Par la chambre des représentans parmi des candidats présentés par le gouvernement.	30 ans.	—	Neuf ans.	1,600 gourdes.	Traduit devant la haute-cour.	1,000,000	Point d'aristocratie.	Un président à vie.	1806.
Hesse-Darmstadt.	1re chambre.	—	Par hérédité et par nomination du prince pour dix.	25 ans.	—	Héréditaire et à vie.	—	—	700,000	Une aristocratie.	Un grand-duc.	1820,
Hollande.	1re chambre.	40 au moins; 60 au plus.	Par le roi.	40 ans.	—	A vie.	3,000 florins.	—	2,200,000	Une noblesse titulaire.	Un roi.	1815.
Hongrie.	Chambre des magnats.	Illimité.	Par hérédité et par nomination royale.	—	—	Héréditaire.	—	Entre dans la haute-cour.	7,200,000	Une aristocratie.	Un roi.	Indéterminée.
Mexique.	Sénat.	2 par chaque état.	Par les assemblées électorales.	—	—	Six ans.	—	—	7,500,000	Point d'aristocratie.	Un président.	1824.
Norvège.	Lagthing, ou Chambre des légistes.	Le quart, ou sthorting.	Par le storthing dans son sein.	30 ans.	—	Un an.	Frais de route et de séjour.	Haute-cour avec les juges de la cour suprême.	1,000,000	Point d'aristocratie.	Un roi.	1814.
Plata.	Sénat.	De 20 à 25.	Par le directeur, les assemblées électorales, les universités et le clergé.	30 ans.	800 piastres de capital.	Douze ans.	—	Haute-cour.	700,000	Point d'aristocratie.	Un directeur élu pour 5 ans.	1819.
Pologne.	Sénat.	Moitié de celui des membres de l'autre chambre.	Par le roi sur des listes doubles que présente le sénat lui-même.	35 ans.	2,000 florins.	A vie.	—	Décrète la mise en jugement devant la haute-cour.	4,000,000	Une aristocratie.	Un roi.	1815.
Wurtemberg.	Chambre des seigneurs.	—	Par hérédité et par nomination royale pour un tiers.	Majorité.	6,000 florins pour les héréditaires.	Héréditaire et à vie.	—	Entre pour moitié dans la haute-cour avec l'autre chambre.	1,500,000	Une aristocratie.	Un roi.	1819.

Observation. Le principal résultat de ce Tableau, c'est que la 1re chambre est héréditaire, en tout ou en partie, partout où il y a une aristocratie, et qu'elle est à tems ou à vie, partout où il n'y en a pas. La France, qui, avec une noblesse simplement titulaire a, dans l'état actuel, une chambre héréditaire, est une exception à cette règle; la Pologne qui, avec une véritable aristocratie, n'a qu'une 1re chambre à vie, est une seconde exception dans le sens inverse.